JN411992

바다 위의 정원, 여수의 섬들

아름답고 신비로운 365개 섬

바다 위의 정원,
여수의 섬들

초판 1쇄 인쇄 | 2025년 12월 31일
지은이 | 성해석
펴낸이 | 이재욱(필명:이승훈)
펴낸곳 | 해드림출판사
주 소 | 서울 영등포구 경인로82길 3-4(문래동1가 39)
센터플러스빌딩 1004호(07371)
전 화 | 02-2612-5552
팩 스 | 02-2688-5568
E-mail | jlee5059@hanmail.net

등록번호 제2013-000076
등록일자 2008년 9월 29일

ISBN 979-11-5634-671-5

바다 위의 정원, 여수의 섬들

성해석 디카 시집

헤드림출판사

서문

디카 시집을 내면서…

2026년 9월 5일부터 열리는 여수세계섬박람회 성공을 기원하며 여수에 있는 365개의 섬을 시로 표현해 보려고 시작했습니다.

여수에 있는 365개의 섬 중 46개의 섬이 유인도이며 319개의 섬이 무인도입니다.

안타깝게도 46개의 유인도도 날이 갈수록 주민의 불편함으로 인해 유인도의 수가 점차 줄어들어 가고 있습니다. 우리는 섬에 대한 미래의 가치, 때와 날씨에 따라 매순간 변하는 섬의 아름답고 매혹적인 풍광과 역사와 문화를 그냥 지나치고 있었습니다.

이번 디카 시집을 발간하면서 여수를 방문한 모든 분이 잘 알지 못했던 곳곳이 서려 있는 풍광을 다시 한번 생각해 볼 수 있게끔 도록을 만들어 보았습니다.

시집을 내면서 디카 사진으론 한계가 있어 여수시와 사진작가 김태수 작가님, 심선오 작가님 등의 작품을 실었습니다. 이토록 아름다운 작품을 제공해 주신 여수시와 두 분의 작가님께 감사의 말씀을 전합니다.

아무쪼록 디카 시집을 발간하면서 '365개의 섬을 갖고 있는 여수가 세계의 어느 소문난 해양 도시보다 아름답다'라고 하는 점이 널리 알려지는 계기가 되며 이 시집을 통해 또 가고 싶고 머물고 싶은 여수 섬에 대해 여러 의미를 다시 생각해 보는 시간을 갖기를 바랍니다.

또한 전 국민과 세계인들의 탄성이 절로 나오는 여수의 신비롭고 매혹적인 섬들의 모습을 사랑하며 알아가는 지침서가 되기를 바랍니다.

2025년 12월

성해석

여수 섬 찬가

하늘의 별처럼 바다 위에
수놓은 삼백육십오 개의 보석
여수가 좋아 여수에 있는
자랑스러운 보배들이여

하나하나가 미래의 보고이며
자연이 만든 우리들의 터전

해안 절경과 푸른 바다
아~, 보는 이들의 탄성이 절로 나오는
신비하고 매혹적인 아름다움이
묻어 나오는 곳으로

바닷바람에 살랑이는 파도여

붉게 물든 일몰이여
계절마다 매 순간 변하는 다채로운 풍경이여

황홀함에 탄성이 절로 나오는
가고픈 섬이여
머물고픈 섬이여

새로운 꿈을 향해 그대와 함께
바다와 미래를 잇는 곳에서
우리 소중한 추억 만들어요

QR코드를 스캔하면 섬 찬가 노래가 나옵니다.

차례

3부
유인도 ·
무인도 2

4부 유인도 · 무인도 3

1부

여수의 섬 지명

대횡간도 놀이청

화태도
돌산도
대횡간도
나발도

금오도
안도대교
안도
대부도

개도
백야도
자봉도
월호도
화태도
대두라도
나발도

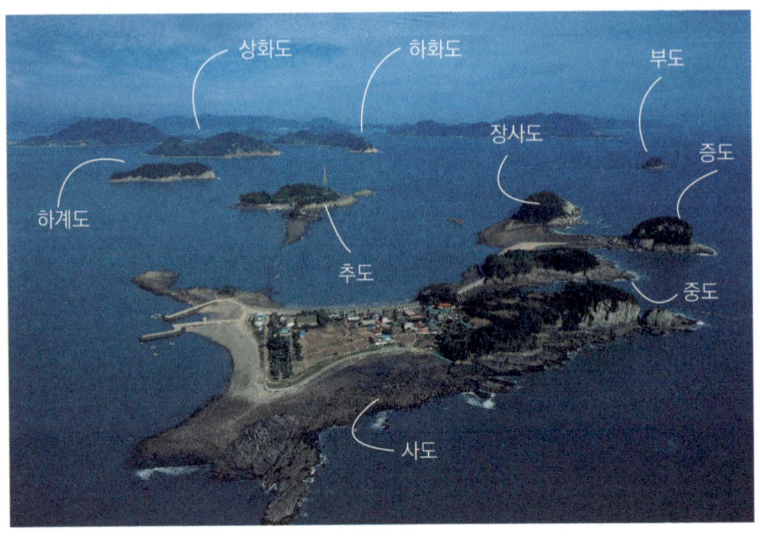
상화도
하화도
부도
장사도
증도
하계도
추도
중도
사도

불무섬(야도, 冶島)

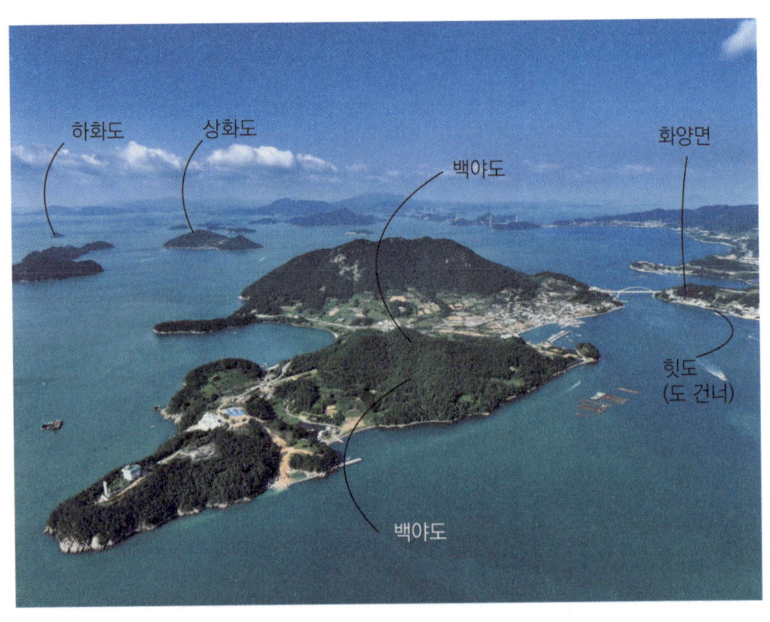
하화도
상화도
백야도
화양면
힛도
(도 건너)
백야도

월호도
금오도
대횡간도
화태도

나발도
화양면 공정리
낭도
둔병도
적금도

안도
연도
재부도
금오도

2부

유인도 · 무인도 1

오동도

동백꽃 붉게 피어나고
귓가에 속삭이는 파도 소리
하얀 등대는 어둠을 밝히고
바다를 지키는 그대
걷다가 보면 옛날 추억 새로워

장군도

여수와 돌산 사이
덩그러니 떠 있는 섬
임진왜란 이야기가 떠오르고
여수의 역사를 지켜보며
엄마 품처럼 따스한 곳

백도 매바위

백도의 파도소리 들으며
하늘과 바다 사이로
우뚝 서있는 그대 매바위는
모진 풍파를 견디어 오며
억겁의 세월을 지켜온 파수꾼

거문도 등대

세월이 흘러도 그 자리에서
아름다운 빛은 선사하며
1905년 우리나라 두 번째 등대
해안 절경과 푸른 청정 바다
소중한 추억 만들기 좋은 곳

거문도

바다 내음 머금고 바람의 향기
역사의 숨결이 숨 쉬고
곳곳이 배어 있는 섬 이야기들
청정 바다 사색의 공간
소소한 행복이 오는 곳

거문도 등대(일출)

붉게 타오르는 노을 아래
우뚝 선 그대는
매혹적이며 아름다움으로
백 년 이상의 역사를 안고
고요한 행복을 주네

아름다운 섬

저 멀리 안도대교가 보이고
좌에는 금오도 우에는 안도
앞에는 대부도가 놓여 있네
청정한 쪽빛 바다
한 폭의 아름다운 수채화

거문도(서도-동도)

저 바다 멀리 놓여 있는
다리 사이로 서도와 동도
색다른 풍경을 선사하여
남해의 해금강으로
여유를 즐기기에 더없이 아름다운 섬

나발도

푸른 물결 넘어 아득히
들려오는 당산 팽나무
작은 마을 옹기종기
정다운 이야기 나누면
행복과 그리움 쌓여만 가네

가마웃섬

푸른 바다와 친구 되어
파도에 깎이고 다듬어져
세월의 흔적 새긴 갯바위
너와 함께한 많은 시간 들
그리움은 더욱 깊어만 가네

각시몸통섬

바다 위에 우뚝 서 있는
당신의 이름은 각시몸통섬
밀려오는 바다와 벗 삼아
오늘도 함께한 시간이
영원히 지워지지 않으리

횡간도 놀이청

바다 위에 누워있어
편안한 마음 들 것 같지만
파도에 내 마음 깎이고 깎여
이제는 용기만 남았다오
그래도 희망은 있으니까

노적섬

멀리멀리 떨어진 거문도 권역
바다를 지키는 수호신처럼
그리움 외로움 잊고
묵묵히 침묵을 가르치며
사랑을 배우는 너

말다랭이섬

꿈에도 잊지 못하는 거문도 부근
홀로 외로이 떠 있는 당신
하늘과 바다 파도 벗 삼아
고독을 삼키며
함께한 시간이여 영원하리라

반여 사랑

어둠 속을 항해하는 배를 위해
등불을 밝히는 구세주
반여 너에게 있어
어둠을 밝히는
영원한 등대지기어라

대삼부도

나의 이름은 대삼부도
바다 위에 길게 늘어진 나에게
조약돌 같은 추억
바다에 새기고 새겨
옛날의 추억을 말해 주는구려

하백도

당신은 그 유명한 하백도
섬의 그림자 청정 바다에
드리워져 시간이 흐를수록
더욱 아름다움을 간직한 그대
어서 오라고 손짓하네

알마도

금오도 부근에 자리하며
굳건히 제자리 지키는 당신
갈매기 좋아라 하고
시간마저 쉬어 가며
평온함을 주는 그대여

목도

낭도 부근 멀리 홀로 떠 있는
작은 섬 하나
세찬 파도 부딪쳐 와도
의연함과 처절함을 배우며
흔들림 없는 사랑을 배우네

아름다운 섬 추도

푸른 바다 위 공룡의 집단 서식지
43개의 공룡 발자국
시간마저 멈춘 듯
갯바위는 세월의 흔적을 안고
문화적 유산 살아 숨쉬네

머그섬

머그섬에 그려진 하얀 등대
시간이 흘러도 변치 않는
꿈같은 섬이네
바다의 역사를 안고
파도 소리 친구 삼아 살아가네

아름다운 섬 이야기

쪽빛 바다에 수놓은 섬
앞에는 장사도가 놓여 있고
그 뒤편에 중도와 사도가 보이네
우측 멀리 보이는 섬 낭도
하늘과 맞닿은 중도가
어서 오라 손짓하네

낭도에서 바라본 낭도대교 둔병대교

푸른 하늘에 뭉게구름 떠 있고
청정의 파란 바다는
나의 마음 사로잡고 있어요
낭도대교와 저 멀리 둔병대교
멋지게 자리 잡고 있네요

가장도

돌산으로 이어진
점점이 박힌 보석처럼
빛나는 쪽빛 바다의 섬들
저마다 다른 숨은 이야기들
바라만 보아도 힐링 되는 곳

야도(불무섬)

돌산에서 멀지 않은 곳
파란 바다 위로
삶의 노래 들려오고
바닷바람의 싱그러운 내음
아름다운 야도여

백야도

쪽빛 바다는 더욱 푸르고
덩그러이 놓여 있는 두 개의 섬
아- 가보고 싶고 머물고 싶은
그대의 모든 모습이
내게 평안을 주는구려

여수박람회장과 오동도

2012년 여수세계박람회
전 세계인이 모였던 곳
저 멀리 동백섬 오동도가 보이며
항상 우리 곁에 있는
여유를 즐기기 더없이 좋은 곳

수항도

날씨 따라 바다색이 변하는
작은 섬 하나
멀리 바다와 맞닿은 곳에
수평선과 섬들
가끔 찾아온 유람선으로
외롭지 않아요

안도대교

안개 걷히고 고요 속 안도대교
다도해의 숨결 속에
평화로운 꿈을 싣고
섬과 섬을 이어주는 쪽빛 바다
희망의 소리 들려오네

여수국가산업단지와 묘도

산업의 심장이자 우리의 땀방울
고양이섬 묘도
밤이면 수많은 별들 모여
화려하게 빛은 발하며
꿈과 희망을 주는 그대여

여수항 경치

푸른 바다 위에 펼쳐진 수채화
한가운데 여의주 장군도가 놓여있고
여수와 돌산을 잇는 두 개의 연륙교
저 멀리 자산공원 뒤 오동도
아- 아름다운 여수항이여

웅천의 섬 이야기

잔잔한 물결 위로
시간은 흐르다 멈춘 듯
역사의 숨결 이어 내려오네
귓가로 불어오는 바람 소리
알 수 없는 비밀을 속삭이네

적금도 적금대교

적금도와 낭도의 연결고리
파도는 잔잔히 속삭이며
바다는 파란색으로 잠기면
내일을 위한 조용한 위로
지친 마음을 감싸 안네

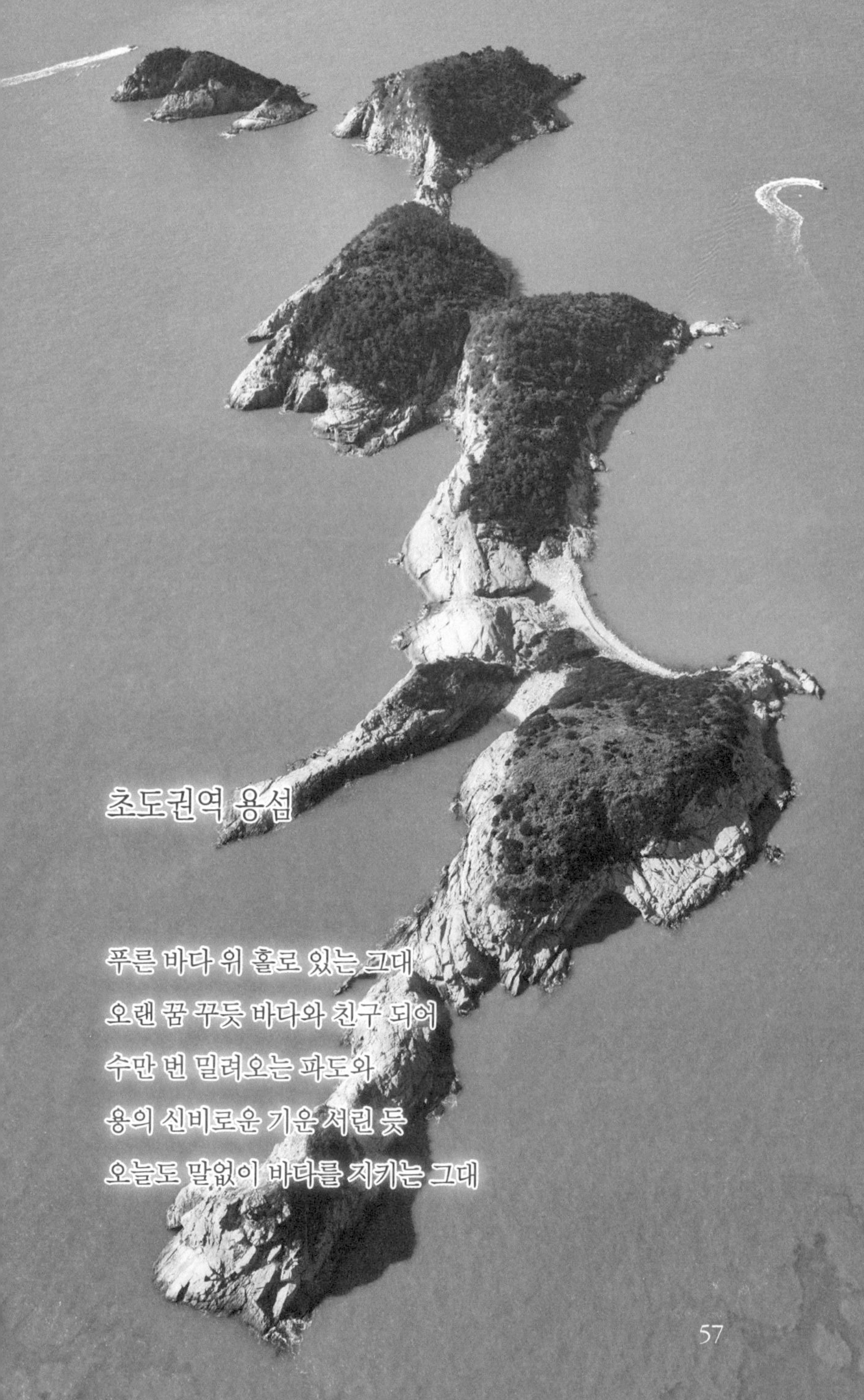

초도권역 용섬

푸른 바다 위 홀로 있는 그대
오랜 꿈 꾸듯 바다와 친구 되어
수만 번 밀려오는 파도와
용의 신비로운 기운 서린 듯
오늘도 말없이 바다를 지키는 그대

적금도에서 바라본 팔영대교

고요 속에 아름다운 다도해
쪽빛 바다 평화로운 꿈을 안고
여수와 고흥을 이어주네
긴 고립의 시간 넘어
희망의 미래 들려 오는 곳

하멜등대와 돌산도

고요한 밤하늘 검은 바다 위
자산공원과 돌산도는 보이며
붉은 심장으로 밤을 밝히는 빛
하멜에 묻힌 이야기 깨어나
세월의 역사를 품은 구원의 등대

3부

유인도 · 무인도 2

개도

아름다운 풍경 매혹적인 섬
문화와 역사가 살아 숨 쉬며
청정 해역과 황금어장
2026년 9월 5일부터 11월 4일까지
여수세계섬박람회 부행사장인 이곳

대두라도

큰 콩을 닮았다고 붙여진 이름
번잡한 일상에서 벗어나
힐링이 되는 곳
바다낚시의 명당
역사와 문화의 섬

자봉도

큰 새가 앉아 있는 형상
주위 쪽빛 바다 건너
올망졸망 섬들이 노래하네
넓게 펼쳐진 갯벌 청정을 품은 섬
한 폭의 그림 같은 대자연

소두라도

작은 콩들 같은 소두라도
에메랄드빛 바다에 놓인
아름다운 풍광들
자연 그대로의 모습을 간직한
평화로운 곳

월호도

불로초의 전설 들리는
청정을 품은 황금어장
반달 모양 월호도
공기 좋고 인심 좋은 마을
언제나 내 마음 감싸주는 곳

거문도권역 고도

거문도 심장이며 중심지
자연을 만나는 출발점
오랜 세월을 간직한
낭만적인 마을 풍경
역사의 흔적이 남아 있는 공간

거문도권역 서도

등대가 있는 서도
등대로 가는 동백숲 길
붉은 동백꽃과 기암괴석
다도해의 쪽빛 바다와 어우러진
환상적인 풍경 자아내는 곳

화태도

수많은 섬과 어우러진
빼어난 풍광을 자랑하며
저 멀리 화태대교 경관
걷기 좋은 둘레길
낚시를 즐길 수 있는 곳

거문도권역 동도

아픈 역사를 간직한 동도
독특한 모양의 기암괴석과
멀리 조망할 수 있는 독산 등대
한 폭의 그림 같은 대자연을
볼 수 있는 경관이 뛰어난 이곳

수항도

푸른 바다 위 작은 섬 수항도
이곳이 좋아 금호도 가까이 머문 섬
언제든 반갑게 맞아주는
아름다운 섬
모두가 사모하게 되었다오

아름다운 둔병도

여자만 입구에 있는 섬
임진왜란 때 수군이 주둔하고
갯벌과 몽돌해변 유명한 섬
삶의 고단함을 씻어내며
마음에 위안을 주는 곳

금오도

큰 거북 처음 붉은 해 만나
그대로 섬이 되었다네
세월이 깎아 만든 절경
끝없이 이어지는 아기자기한 비렁길
수많은 볼거리, 힐링의 공간

낭도

먼바다에 수놓은 별 같은 섬
가고 싶은 섬으로 선정된 곳
우리의 섬 공룡의 섬
오늘도 잠잠히 희망안고
푸른 꿈 펼치네

적금도(풍요의 섬)

낭도 적금대교와
고흥 팔영대교를 잇는
자연이 만든 적금도의 매력
황홀한 다도해의 풍경
소박하고 정겨운 여행하기 좋은 섬

사도

바다 한가운데 모래로 쌓인 섬
중생대 백악기 공룡 발자국
음력 2월 인근 섬과
바닷길 열리는 모세의 기적
숨겨진 매력을 품은 이곳

조발도

해가 일찍 뜬다는 조발도
파란 물감에 취하듯
청정을 품은 섬
하늘에 떠도는 하얀 구름
영혼을 맑게 씻어주는 섬

대경도

거울처럼 맑은 바다 이름
해안 골프장으로 이름 날리고
갯장어란 하모의 본고장
여유를 만끽하며
힐링할 수 있는 곳

소경도

조용한 섬은 매력을 발산하고

걷기 좋고 여유를 즐기기 좋은 곳

잔잔한 물결과 시원한 파도의 멋

자연이 만든 섬

머물고 싶은 달콤한 풍경

돌산도

우리나라에서 열 번째 큰 섬
여수에서 돌산을 잇는
아름다운 두 대교의 야경
역사와 문화가 어우러져
해돋이 명소로 이름난 향일암

야도(불무섬)冶島

국동 도심 앞에 있는 야도
자연은 오랜 우리 친구
바닷바람에
살랑이는 파도는 멋지고
아름다움 자아내는 그대여

묘도

여수 산단 앞 고양이 섬
이순신 장군의 기상과
역사의 숨결이 서리는 곳
미래를 위한 힘찬 걸음
푸른 꿈 영원히 빛나는 섬

돌산 송도

쪽빛 바다와 섬 안의 섬
누구나 기억하고 싶은
자연과 역사를 품고 있는
가고 싶은 섬으로 선정되어
항상 우리 곁에 있는 섬

대륵도

공룡의 흔적이 살아 있는 곳
해변에 파도 소리 들리듯
바람마저 쉬어 가는 곳
국내 최초 공룡 뼈 화석으로
학술적 가치가 높은 곳

소륵도

눈에 담아 보고 싶은
쪽빛 물결이 품은 섬들의 풍경화
아기자기한 집들
내 마음을
감싸 안아 주는구려

백야도

하늘과 바다가 어우러지면
시간 마저 쉬어 가는 곳
바다에 실려 오는 다도해
섬의 자연과 문화
오랫동안 기억에 남을 감동

율촌 송도

여유를 즐기기 좋은 솔섬
시원한 파도와
솔섬의 향기를 즐기며
조용하고 평온함을 간직한
자연이 아름다운 이곳

장도

웅천 바다 앞 다양한 조형물
예술의 향기가 어우러진
예술의 섬 장도여
자연을 만끽할 수 있는 산책로
아름다움을 자아내는 이곳

하화도

동서로 좁고 긴 섬으로
꽃섬이라 불리는 하화도
둘레길 걷다 보면
점점이 떠 있는 많은 섬들
소중한 추억 만들기

상화도

큰 꽃섬이라 불리는 상화도
세월의 흔적 품은 기암절벽
야생화 따라 둘레길 걸으며
아름다운 바다 은빛 물결
쉼과 여유를 맛보며

제도

제비처럼 생겼다고 제도
파란 물감에 취한 듯
한적하고 여유로움으로
몸과 마음이 힐링되는 곳
조용히 쉬어 가고 싶은 섬

소거문도

유리알처럼 투명한
파아란 바다와 하늘
자연이 깎아 만든 절경에
푹 빠져보고 싶은
오랜 친구 같은 당신

평도

평평하다고 평도
낚시꾼들의 성지
아기자기한 집들
바람도 쉬어가는
인심 좋고 살기 좋은 곳

손죽도

대나무가 많아서 손죽도
천혜의 자연과
아픈 역사의 숨결이 살아 있는
파란 물감에 취한 듯
내 마음 감싸 주네

안도

보배로운 섬
바다가 속삭이는 섬 이야기
평화가 바람 안에 머물고
자연의 품 안으로 오라고
언제나 반기는 그대

달천도

섬 달천이라 불리며
연륙교와 연결되었네
넓은 여자만의 아름다운 갯벌
바다에 붉게 물들이는
황홀한 일몰의 정취

연도

에메랄드빛 바다 위
말없이 지켜온 육각의 무인 등대
세찬 파도와 침식된 암석
자연이 만든 최고의 경관
여유를 즐기기 더없이 좋은 곳

대운두도

여자만에 있으면서
항상 구름에 덮여 있어 운두도라네
늘 우리 곁에 있으며
포근한 아름다움 자아내는 그대
언제나 기억하고 싶다오

대여자도

푸른 빛으로 채색되어
파도 따라 불어오는 바다의 향기
머물고 싶은 아름다운 풍경
전설과 전설이 마주하여
자연 그대로 거기 서 있네

소여자도

어머니 품처럼 포근하며
아담하고 한적한 마을
바람에 실려 오는 그대 이야기
여자만의 아름다운 노을이여
가던 걸음 멈추게 하네

초도

청정의 바다 진초록 물결
아름다운 자연에 드리운 풍경
바다의 보고 낚시꾼의 성지
평화로운 마을
눈에 어려 또 가보고 싶은 곳

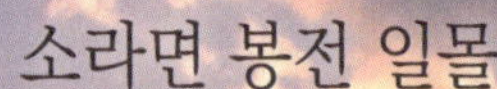

소라면 봉전 일몰

하늘엔 보랏빛 향연
저 멀리 말 없는 섬들
어둠을 준비하는
자주색 바다 위 떠 있는 배
숨 막히는 이 아름다움이여

율촌면 송도

자연이 만든 수채화
푸른 바다 위 섬
예쁘고 아름답고 가슴 시린 곳
옹기종기 노래 있는 마을
사랑의 터전

여수 여자만 노을

수평선 너머의 해
여자만의 풍경
하늘과 바다와 갯벌
붉은빛에 물들어 가고
갯내음 가득한 이곳
아름다움에 매료되는 이 순간

소라면 소댕이 마을 어촌

가막만 물결 위 수많은 배
아름다운 일몰이
가슴으로 들어온다
평온하고 고즈넉한 이 아름다움
오래도록 기억될 이 감동

여수 화양 노을

그저 바라보면
이토록 완벽한 이 순간
해는 산마루에 걸쳐 있고
숨죽여
이 아름다움 들이마시네

화양면 장등 해수욕장 일몰

저 아름다운 붉은 빛이
하늘과 바다를 감싸 안고
황혼의 바다의 두 척 배
그림자 드리우면
이토록 눈부실 줄이야

4부

유인도·무인도 3

나발도

잔잔한 파도 소리 귓가에 들려오며
바람도 쉬어가는 곳
낚시의 보고
파도와 바람의 노래 들으며
바다 향기 만끽할 수 있는 곳

낭도 이야기

어머니 품처럼 따스한 남포등대
상산 아래 정겨운 마을
해안 길 따라 낭도 둘레길
가고 싶은 섬으로 선정된 곳
머물고 싶어지는 수채화 풍경

까막섬

검은 옷을 입을 까마귀 형상
그래서 까막섬이라 하였나
바다 위에 외롭게 떠 있네
해변에 파도 소리 들려오며
예부터 지금까지 그 모습 그대로

풀섬

여자도 부근 아름다운 섬
겹겹이 많은 이야기가 숨어
갯바람 실어온 파도 소리
잔잔한 물결 따라 흘러가고
등대 아래 삶의 이야기 흐르네

모개도

항상 우리 곁에 있는 섬
사랑하며 살라는
하트 모양의 섬
에메랄드 바다와 시원한 바닷 바람
언제나 기억하고 싶은 곳

아름다운 섬

소박하고 평화로운 마을 건너
다리 놓여 진 금오도
좌측에 대횡간도가 놓여 있고
우측엔 화태도와 월호도
아- 멋진 섬들이여

구멍섬과 대섬

하늘과 바다가 맞닿아
두 개의 섬에
나를 담아본다
누구나 기억하고 싶은 곳
멀리서 다가오는 섬을 그리며

사도, 낭도

쪽빛 푸른 바다와 하늘
저 멀리 보이는 낭도 아래
사도, 중도, 증도, 장사도
굳건히 제자리 지키며
평화로운 시간 맞으리라

무술목이여

무술목에 있는 몽돌해변
몽돌 사이사이로
어린 시절 추억이 쌓이고
세월을 품고 새겨온 날들
영원한 그대여

섬들의 향연

바다 위에 수놓은 섬
크고 작은 섬들의 향연
여수가 좋아 여수에 있는
자랑스러운 보배들이여
모두를 사랑한다네

하백도 풍경

푸른 바다 위에 떠있는 섬
외로움과 그리움 안고
누구를 기다릴까
좋은 사람들
내 곁에
어서 오라 손짓하네

금오도에서 바라본 풍경

푸르름이 하늘인지 바다인지
저 멀리 보이는 안도와 대부도
자연과 인간의 조화
크고 작은 섬들의 손짓
소중한 추억 만들기 좋은 곳

경도

섬 전체가 고래를 닮았어요
여수 팔경인 경도 바다
도심 속의 휴양지
당산나무 옛이야기 들리며
꿈의 섬 새 희망이 어리는 곳

오동도 일출

해야 솟아라 더 큰 도약 위해
희망의 돛을 올려라
역사의 북을 울려라
붉은 기운 세계를 감싸 안고
오늘도 전진하리니

동틀 무렵

대섬과 구멍섬 사이로
붉은 해가 떠오른다
하늘과 바다는
붉게 물들고
오늘 하루 평화를 기원하며

노을빛 바다

지는 해 산마루 걸릴 때
하늘과 바다는 붉은 물감으로 번진다
황홀한 노을빛 바다 위
두 척의 배는
아름다운 한 폭의 그림이 된다

영등 사리

모세의 기적을 보며
사도와 추도가 맞닿았고
사람들은 무언가를 찾는다
신비의 바닷길에 소소한 행복 느끼며
누구나 또 찾아 가고픈 곳

아름다운 섬(불무섬)

여수항 앞
올망졸망 놓여 있는 섬
불무섬 위로
경도와 가슴 아린 기장도
소경도가 보이고
아- 한 폭의 아름다운 그림이여

가장도

모정의 뱃길 삼만 리
추억이 어린 곳
이 아름다운 섬에서
한 편의 드라마가
내 가슴을 울리고 가네

나발도 위 아름다운 섬

옹기종기 모여 있는 섬
나발도 위로 화대도와 대횡간도
바다와 하늘과 섬
이 아름다운 풍광에
마음 가득 설레이네

소라 장척의 갯벌

갯벌이 숨을 쉬면
생명들이 꼼지락 거린다
갯내음 가득한 바람
발자국마다 새겨진 이야기들
갯벌의 매력에 흠뻑 젖는다

백도 일출

잔잔한 어둠 가르고
두 개의 보석 사이도
붉은 기운 고개를 들면
바람도 숨을 죽이며
이 황홀한 풍경 우릴 유혹하네

5부

여수의 무인도

개도권역_감담끝여

개도권역_고여

개도권역_납덕고여

개도권역_노리청

개도권역_단도

개도권역_단도(자봉도)

개도권역_딴섬

개도권역_딴여

개도권역_딴여(화태도)

개도권역_몽여

개도권역_무여

개도권역_문여

개도권역_바깥딴섬

개도권역_아랫고여

개도권역_야도

개도권역_외단도

개도권역_육고여

개도권역_큰여(대횡간도)

개도권역_큰여(소횡간도)

개도권역_호리도

거문도권역_가마웃섬

거문도권역_각시움통섬

거문도권역_간여

거문도권역_검등여

거문도권역_고도보찰여

거문도권역_나라섬밖여

거문도권역_나룻섬

거문도권역_노루섬

거문도권역_노적섬

거문도권역_높은날섬

거문도권역_다람쥐바위

거문도권역_대매지바위

거문도권역_대삼부도

거문도권역_대원도

거문도권역_덜섬

거문도권역_도끼바위

거문도권역_동암

거문도권역_동뒤섬

거문도권역_둥근섬

거문도권역_뒷섬

거문도권역_딴섬

거문도권역_말다랭이섬

거문도권역_모기섬

거문도권역_모기여(모기섬)

거문도권역_모기여(모기여)

거문도권역_무구나무섬

거문도권역_물개바위

거문도권역_밖노루섬

거문도권역_반여

거문도권역_병풍바위

거문도권역_보석바위

거문도권역_볼락굴여

거문도권역_사람바위

거문도권역_상백도

거문도권역_새알다랭이딴여

거문도권역_새통이밖여

거문도권역_새통이안여

거문도권역_서방바위

거문도권역_선바위

거문도권역_소삼부도

거문도권역_소삼부도보찰여

거문도권역_소원도

거문도권역_아리딴섬

거문도권역_안간여

거문도권역_안노루섬

거문도권역_안모기여

거문도권역_앞섬

거문도권역_얕은도여

거문도권역_여병풍바위

거문도권역_오리섬(고도)

거문도권역_오리섬(상백도)

거문도권역_오지여

거문도권역_옷섬밖여
거문도권역_옷섬안여
거문도권역_작은모기여
거문도권역_작은재립여
거문도권역_중앙진섬
거문도권역_진도허리밖여
거문도권역_촛대바위
거문도권역_코바위도
거문도권역_큰옷등
거문도권역_큰재립여
거문도권역_큰흰여
거문도권역_탕근여
거문도권역_통퇴여
거문도권역_하백도
거문도권역_형제바위
거문도권역_흔덕여
거문도권역_흰여
금오도권역_가리서

금오도권역_구멍바위
금오도권역_꽃밭등
금오도권역_뒷여
금오도권역_문서
금오도권역_물목섬
금오도권역_밭업대기
금오도권역_소부도
금오도권역_양지새등
금오도권역_오동도
금오도권역_작은가릿여
금오도권역_작은서삼여
금오도권역_형제섬
금오도권역_후서
낭도권역_고래여
낭도권역_납대기도
낭도권역_납대도
낭도권역_납작여
낭도권역_대락도

낭도권역_대해도 낭도권역_독도 낭도권역_뒷여

낭도권역_등대섬 낭도권역_만월도 낭도권역_머그섬

낭도권역_목도 낭도권역_문도 낭도권역_미섬

낭도권역_살피도 낭도권역_상계도 낭도권역_상과도

낭도권역_서끝섬 낭도권역_소당도 낭도권역_소당여

낭도권역_소락도 낭도권역_소문도 낭도권역_시루섬

낭도권역_연목
낭도권역_오도
낭도권역_오짓여
낭도권역_요여
낭도권역_응도
낭도권역_작은게섬
낭도권역_작은튓여
낭도권역_작은매섬
낭도권역_작은문도
낭도권역_작은세안여
낭도권역_장사도
낭도권역_중도
낭도권역_증도
낭도권역_치도
낭도권역_큰세안여
낭도권역_토도
낭도권역_하계도
낭도권역_흥도

돌산도권역_가장도
돌산도권역_경도
돌산도권역_고서
돌산도권역_까막섬
돌산도권역_내치도
돌산도권역_넓섬
돌산도권역_노도
돌산도권역_노랑가장도
돌산도권역_노량도
돌산도권역_대소여
돌산도권역_독도
돌산도권역_두력도
돌산도권역_밤섬
돌산도권역_백도
돌산도권역_부서
돌산도권역_불무섬
돌산도권역_상증도
돌산도권역_서근도

돌산도권역_서목섬 돌산도권역_소죽도 돌산도권역_송도

돌산도권역_암목도 돌산도권역_여초 돌산도권역_외치도

돌산도권역_작은서목섬 돌산도권역_장구섬 돌산도권역_정개도

돌산도권역_조도 돌산도권역_조락섬 돌산도권역_죽도

돌산도권역_초도 돌산도권역_취도 돌산도권역_풍락도

돌산도권역_하증도 돌산도권역_항대도 돌산도권역_혈서

묘도권역_가문여
묘도권역_거북섬
묘도권역_고도
묘도권역_달섬
묘도권역_목도
묘도권역_새섬
묘도권역_서치도
묘도권역_소당도
묘도권역_송도
묘도권역_우잔도
묘도권역_이간도
묘도권역_일간도
묘도권역_작은방섬
묘도권역_장도
묘도권역_중륵도
묘도권역_쥐섬
묘도권역_칼섬
묘도권역_큰방섬

묘도권역_황도
백야도권역_가덕도
백야도권역_도막여
백야도권역_돌섬
백야도권역_두력도
백야도권역_마물도
백야도권역_목도
백야도권역_문여
백야도권역_부도
백야도권역_삼도
백야도권역_삼도끝섬
백야도권역_삼도첫섬
백야도권역_소부도
백야도권역_솔여
백야도권역_애기삼섬
백야도권역_오란도
백야도권역_작은장재도
백야도권역_장구도

백야도권역_장재도
백야도권역_죽도
백야도권역_큰여
손죽도권역_갈퀴섬
손죽도권역_검등여
손죽도권역_검은여
손죽도권역_개벅두래기여
손죽도권역_나무여
손죽도권역_농여
손죽도권역_대두역서
손죽도권역_대바위
손죽도권역_두래기여
손죽도권역_반초섬
손죽도권역_보찰여
손죽도권역_소두래기섬
손죽도권역_소두역서
손죽도권역_소평도
손죽도권역_소평서

손죽도권역_숨은여 손죽도권역_시와여 손죽도권역_아랫부리섬

손죽도권역_역만도 손죽도권역_윗부리섬 손죽도권역_작은검은여

손죽도권역_작은여 손죽도권역_장거리도 손죽도권역_지마섬

손죽도권역_큰여 안도권역_간여 안도권역_검등여

안도권역_구몽여 안도권역_기름여 안도권역_납작도

안도권역_노적섬 안도권역_매섬 안도권역_배다서

안도권역_배다여 안도권역_삿대걸이 안도권역_순서여

안도권역_알마도 안도권역_외삼도 안도권역_작도

안도권역_작은간여 안도권역_작은배대기여 안도권역_작은알마도

안도권역_중삼도 안도권역_초삼도 안도권역_촛대바위

안도권역_큰여 여자도권역_간도 여자도권역_납계도

여자도권역_단도 여자도권역_돈북섬 여자도권역_동굴섬

여자도권역_동도 여자도권역_매물섬 여자도권역_모개도

여자도권역_방끝 여자도권역_복개도 여자도권역_새섬

여자도권역_샛여 여자도권역_소운두도 여자도권역_오도

여자도권역_자래섬 여자도권역_장구도 여자도권역_죽도

오동도권역_돈반여 오동도권역_백도 오동도권역_장군도

초도권역_건너섬 초도권역_구무섬 초도권역_까막여

초도권역_나무여

초도권역_납대기

초도권역_둥글섬

초도권역_떨꺽여

초도권역_말섬

초도권역_밖목섬

초도권역_보든아기섬

초도권역_북여

초도권역_상섬

초도권역_솔거섬

초도권역_술대섬

초도권역_숨은여

초도권역_아랫구무섬

초도권역_안목섬

초도권역_용두서

초도권역_용섬

초도권역_윗구무섬

초도권역_작은나무여

초도권역_작은말섬
초도권역_작은술대섬
초도권역_중결섬
초도권역_진대섬
초도권역_치섬
추가섬_01
추가섬_02
추가섬_03
추가섬_04
추가섬_05